AF482504

www.ingramcontent.com/pod-product-compliance
Lightning Source LLC
LaVergne TN
LVHW060342200726
843506LV00008B/593

* 9 7 8 6 1 4 4 6 2 0 2 5 0 *

# منى تتعلَّم الخياطة

**تأليف: د. طارق البكري**

**رسوم: نور التوبة**

**دار الرُّقيّ**
للطباعة والنشر والتوزيع

جميع الحقوق محفوظة للناشر ©
الطبعة الأولى 2018

مُنَى تُحِبُّ الذَّهَابَ إِلَى السُّوقِ.. وَأَكْثَرُ ما يُعْجِبُهَا الأَثْوَابُ المُلَوَّنَةُ فِي وَاجِهَاتِ المَحَالّ.

2

سَأَلَتْ أُمَّها: كَيْفَ يَصْنَعُونَ
هَذِهِ الْمَلَابِسَ الرَّائِعَةَ؟

أَجَابَتْها: هُنَالِكَ مَصَانِعُ كَبِيرَةٌ، تَعْمَلُ بِهَا الآلافُ، وفي المَاضِي كانَت الثِّيابُ تُصْنَعُ يَدَوِيّاً فَقَطْ، لَكِنِ اليَوْمَ هُنَالِكَ آلاتٌ حَدِيْثَةٌ تُوَفِّرُ الوَقْتَ والجُهْدَ..

وَمَعَ ذَلِكَ لَا يَـزَالُ يُوجَدُ خَيَّاطُونَ يَعْمَلُونَ بِأَيْدِيهِم، وَمُعْظَمُ الأَغْنِيَاءِ يُفَضِّلُونَ المَلَابِسَ الَّتِي تُصْنَعُ خِصِّيصاً لَهُمْ بِوَاسِطَةِ مُصَمِّمِينَ مِنْ مُخْتَلَفِ أَنْحَاءِ العَالمِ..

قالتْ مُنَى: أُرِيدُ أَنْ أَتَعَلَّمَ خِيَاطَةَ الثِّيَابِ.

اخْتَارَتْ مُنَى فِي مَدْرَسَتِها نَشَاطَ الْخِيَاطَةِ، واشْتَرَكَتْ فِي مَعْهَدٍ لِتَتَعَلَّمَ أُصُولَ هَذِهِ الْمِهْنَةِ الْجَمِيلَةِ.

أَخَـذَتْ مُنَى تَخِيطُ ثِيَابَ أَلْعَابِها، وَتُصْلِحُ ثِيَابَ أبيها، وَتُقَصِّرُ بنْطَالَها.. وتَصْنَعُ سَتَائِرَ لِلْمَدْرَسَةِ وأَغْطِيَةً لِلطَّاوِلَاتِ، وَصَـارَتْ تَخِيْطُ لِصَدِيْقَاتِها أَثْوَابَ لُعَبِهِنَّ..

كَبُرَتْ مُنَى.. وعِنْدَما أَصْبَحَتْ شَابَّةً صَارَ عِنْدَها مَصْنَعٌ لِلثِّيابِ.

أَنْشَأَتْ لِلْمَصْنَعِ فُرُوعاً كَثِيرَةً.. وَأَصْبَحَتْ مُصَمِّمَةً مَشْهُورَةً وَغَنِيَّةً.. وَصَارَتْ صُوَرُ مُنَى وَأَزْياؤُها تُنْشَرُ عَلَى صَفَحَاتِ المَجَلَّاتِ المُتَخَصِّصَةِ بِالْفَنِّ وَالأَزْيَاءِ..

جريدة الأزياء
مصممة الأزياء المبدعة منى
19

لِمَاذا تُحِبُّ منى الذَّهابَ إلى السُّوق؟

.................................................

.................................................

ماذا اخْتارَتْ منى أن تتعلَّم في النَّادي؟

.................................................

.................................................

هلِ اسْتَطاعتْ منى أنْ تَتَعلَّمَ الخِياطَةَ؟ برّر إجابتَك.

.................................................

.................................................

ماذا فَعَلَتْ منى عِنْدَما كَبِرَتْ؟

.................................................

.................................................